CHAMBRE DE COMMERCE

DE MARSEILLE

RÉGLEMENTATION

de la Circulation des Sucres et du Sucrage des Vendanges

RAPPORT

Présenté au nom de la Commission de Législation

Par M. Paul DESBIEF

PRÉSIDENT

*Et adopté par la Chambre de Commerce de Marseille
dans sa Séance du 21 Mars 1905*

MARSEILLE

TYPOGRAPHIE ET LITHOGRAPHIE BARLATIER

19, Rue Venture, 19

CHAMBRE DE COMMERCE

DE MARSEILLE

RÉGLEMENTATION

de la Circulation des Sucres et du Sucrage des Vendanges

RAPPORT

Présenté au nom de la Commission de Législation

Par **M. Paul DESBIEF**

PRÉSIDENT

Et adopté par la Chambre de Commerce de Marseille
dans sa Séance du 21 Mars 1905

MARSEILLE

TYPOGRAPHIE ET LITHOGRAPHIE BARLATIER

19, Rue Venture, 19

—

1905

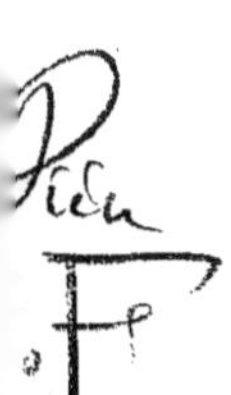

CHAMBRE DE COMMERCE DE MARSEILLE

EXTRAIT DU REGISTRE DES DÉLIBÉRATIONS

Séance tenue le 21 Mars 1905

. . . .

M. Paul Desbief, président, présente, au nom de la Commission de Législation, le rapport suivant :

Messieurs,

Votre Commission de Législation a adopté, dans sa séance du 10 Mars, un rapport relatif à une question qui intéresse la prospérité de la Sucrerie indigène et celle de la Sucrerie coloniale.

Le 27 Mai dernier, M. le sénateur Gauthier (de l'Aude) soumettait au Sénat une proposition de loi « tendant à règlementer la circulation des sucres, glucoses et mélasses ».

S'érigeant en défenseur des intérêts compromis de la viticulture, M. Gauthier dénonce comme seul ennemi à combattre, comme cause unique de tout le mal : le Sucre.

De l'exposé des motifs qui précède sa proposition de loi, il ressort :

1. Que le vin de sucre, par une concurrence déloyale au vin naturel, fait échec à la vente de ce dernier et concourt, pour une large part, à l'avilissement de son prix ;

2. Que la fabrication de l'alcool, par la fermentation directe des sucres, glucoses et mélasses, menace de porter un préjudice considérable aux intérêts du fisc.

Parer à ce double danger, tel est le but du projet de loi en question,

Son auteur se propose de défendre : la Viticulture, d'une part, contre la fabrication des vins de sucre ; le Trésor, de l'autre, contre la production clandestine de l'alcool.

Etant bien entendu que le sucre est l'instrument indispensable au fraudeur, une seule mesure de répression — nécessaire mais suffisante — a paru à M. Gauthier s'imposer ; elle consisterait à suivre la circulation du produit incriminé, de son point de départ (fabrique ou entrepôt) jusqu'à son point de consommation.

Son projet se trouve résumé, d'ailleurs, dans les deux propositions suivantes :

« Soumettre à la formalité de l'acquit-à-caution le transport des sucres indigènes ou exotiques, des jus, des sirops, des glucoses et des mélasses, lorsqu'ils sortiront de l'entrepôt des Douanes, de la fabrique, de la Raffinerie ou de toute exploitation fabricant un de ces produits.

« Attribuer la qualité d'entrepositaire à toute personne, fabricant, commerçant ou particulier qui détient, non seulement pour la fabrication mais même pour son usage personnel, une provision de sucre, glucose ou mélasse reçue par envois égaux ou supérieurs à 25 kilos. »

Le projet prévoit, en outre, la perception d'une taxe dite « *Taxe de surveillance* » qui frapperait, à raison de 0 fr. 25 par 100 kilogs, les sucres ayant séjourné chez un des entrepositaires ci-dessus désignés ; il fixe à fr. 0 50 le prix des acquits-à-caution, passeports désormais indispensables à toute expédition — si infime soit-elle — pour pouvoir franchir la porte de l'usine.

N'est-on pas fondé, dès lors, à juger quelque peu optimiste l'affirmation de M. le sénateur Gauthier, suivant laquelle ce nouveau contrôle à la circulation des sucres serait exercé, par l'Administration compétente, « sans gêner en rien, — ce sont ses termes propres, — le commerce des sucres, glucoses et mélasses.

La proposition de loi en question a été soumise, du reste, à l'examen de la quatrième Commission d'initiative parlementaire, laquelle a été fort impressionnée — au dire de M. le sénateur Gourju, son président — par le caractère inquisitorial que pourrait offrir, pour les particuliers, l'adoption du texte tel qu'il lui a été soumis et par cette résurrection aggravée d'un véritable exercice.

Et M. Gourju termine son rapport — en tête duquel figure le résumé ci-dessus — en laissant entendre que : si la Commission est d'accord avec M. Gauthier sur le principe d'une répression nécessaire de la fraude, par l'intervention du législateur, et si elle invite le Sénat à prendre en considération sa proposition de loi, elle n'en fait pas moins, sur le texte examiné, *ses plus expresses réserves*.

Cette critique, émanée de ses collègues, devait inciter l'auteur même du projet à le remanier dans un sens plus libéral, moins vexatoire.

Voilà pourquoi fut élaborée — après rejet de la première — une nouvelle proposition de loi, qui a été soumise au Sénat, en sa séance du 7 décembre dernier, par MM. Saint-Germain, Gauthier et plusieurs de leurs collègues.

Quelles modifications a subies le texte primitif? Voici : 1. Devra être accompagnée à la circulation d'un acquit-à-caution — d'après le texte nouveau — toute quantité de sucre supérieure ou égale à 50 kilos (25 kilos était-il dit dans le premier projet); 2. Sera qualifiée entrepositaire toute personne détenant une quantité minima de 100 kilos de produits visés (25 kilos encore, aux termes du premier projet, suffisaient à conférer cette qualité).

Hors cette double différence, mêmes déclarations de

détention obligatoires, mêmes visites domiciliaires ici que là.

L'esprit n'a pas changé et la lettre, insensiblement : Les réserves de la Commission subsistent entières.

Suivent quelques dispositions relatives à l'établissement des titres de mouvement, institués par le projet ; à l'inventaire des produits suspects chez les fabricants et dépositaires ; aux sanctions, enfin, qu'encourrait tout contrevenant aux prescriptions à édicter par le législateur.

De la taxe de surveillance — point à noter — il n'est plus fait mention ici : sa nécessité a disparu.

« Les agents des Contributions indirectes, lit-on dans « l'exposé des motifs, sont en nombre suffisant pour mener « à bien la tâche qui leur sera confiée. »

Ainsi donc, l'ère de contrôle et d'inquisition, qui s'ouvrirait à la promulgation du projet ci-dessus, devenu loi, succéderait, sans augmentation de frais, au régime de liberté dont nous bénéficions encore ; doit-on en accepter l'invraisemblable augure ?

Il était à supposer enfin que, du fait de la prohibition du sucrage des vendanges, les recettes du Trésor eussent à subir une certaine diminution.

Or, suivant MM. Saint-Germain et Gauthier, ces droits — payés en moins sur les sucres — seraient largement compensés par ceux que devraient acquitter les vins importés de l'étranger pour satisfaire aux besoins de la consommation.

N'est-ce pas méconnaître et sacrifier bien légèrement les intérêts nationaux ?

Le « vin cher » : tel est le but manifeste que poursuivent les auteurs du projet.

Suppléer à l'insuffisance accidentelle de la récolte, par la production d'une certaine quantité de vin de sucre, était légitime : ils l'interdisent.

Ils trouveraient naturel, par contre, que les vides fussent comblés, le cas échéant, par des vins venus de l'étranger.

Le Trésor, disent-ils, aurait tout à gagner à cette importation et les viticulteurs rien à craindre — cela s'entend sans qu'ils l'expriment — de la concurrence d'un produit grevé, au tarif minimum, du droit d'entrée très rassurant de 12 francs par hectolitre (1).

Voila bien conjuré à tout jamais l'avilissement des prix, mais voilà aussi le vin passé objet de luxe et toute une catégorie de consommateurs condamnés à s'en priver.

Est-ce là ce que réclame l'intérêt démocratique bien entendu comme celui du reste des viticulteurs ?

Du jour où, par suite de l'élévation exagérée du prix du vin, le travailleur des villes et celui des campagnes devront renoncer à une boisson hygiénique que l'on s'est efforcé, en ces dernières années, de mettre à la portée de toutes les bourses, on verra diminuer la consommation et l'on verra aussi la production encombrer les caves des récoltants.

Appelé à se prononcer, à son tour, sur la question de la réglementation du sucrage des vendanges, le Comité technique d'œnologie présentait, le 20 juin dernier, les propositions suivantes :

« 1. Modifier ainsi qu'il suit le texte du premier paragraphe de l'article 7 de la loi du 28 janvier 1903 : « Le sucrage des vendanges, des moûts, des lies et des marcs de raisin est interdit, sauf aux récoltants et pour leurs propres récoltes. Tout récoltant qui voudra ajouter du sucre à sa propre récolte est tenu d'en faire la déclaration, trois jours au moins

____

(1) Ce droit est de 25 francs suivant tarif général et pour les vins titrant 12° et au-dessous. Les vins titrant plus de 12° sont taxés comme ci-dessus — soit au tarif général, soit au tarif minimum — pour les 12 premiers degrés ; et ce droit est augmenté — par chaque degré ou fraction de degré en sus — d'une taxe de douane égale au montant du droit de consommation sur l'alcool.

à l'avance, à la recette buraliste des contributions indirectes ; la quantité de sucre ajoutée ne pourra être supérieure à 10 kilos par trois hectolitres de vendange ; le sucre ainsi employé sera passible d'une *surtaxe de 35 francs* par 100 kilogrammes.

« Toutefois, les fabricants de vins mousseux pourront, à titre exceptionnel et moyennant une déclaration spéciale et préalable, ajouter chez eux à la vendange achetée et sous la surveillance de l'Administration, la quantité de sucre prévue par le présent article.

« 2. Supprimer le deuxième paragraphe du même article et le remplacer par le texte ci-après :

« Toutes les dispositions antérieures concernant la fabrication du vin de sucre pour la consommation familiale sont et demeurent abrogées.

« 3. Dans le troisième paragraphe du même article, ajouter le mot : *lies* aux mots vendanges, moûts ou marcs de raisin.

« 4. Ajouter à l'article 7 une disposition ainsi conçue : « En cas d'infraction aux dispositions du présent article, toutes les quantités de vin trouvées en la possession de celui qui aura commis l'infraction seront considérées, sous réserve de la preuve contraire, comme provenant du sucrage des vendanges et, par suite, soumises à la surtaxe de 35 francs en comptant un hectolitre de vin comme l'équivalent de 5 kilogrammes de sucre, sans préjudice de l'application des sanctions pénales édictées par le présent article.

« 5. Soumettre la circulation du sucre au contrôle de l'Administration des Contributions indirectes dans les conditions suivantes : Pour les quantités de 100 kilos et au-dessus : lien de l'acquit-à-caution. Pour les quantités au-dessous de 100 kilogrammes et au-dessus de 20 kilos : obligation du laissez-passer. Pour les quantités de 20 kilos et au-dessous : libre circulation. »

En résumé, ces propositions sont une déclaration de guerre — bien nette — à l'adresse du sucre.

Le Comité, consulté, n'hésite pas à sacrifier aux vignerons les cultivateurs de betteraves.

On peut se demander à quel titre les premiers sont plus intéressants que les autres et pourquoi la viticulture concentrerait sur soi la sollicitude exclusive du législateur au détriment de la culture betteravière, sa voisine et sa sœur ?

Le moment est mal choisi pour entraver l'industrie sucrière et lui rendre tel débouché impraticable, au lendemain même de la Convention de Bruxelles et de la suppression de toutes les primes qui en a été la conséquence.

Rendre onéreuse et malaisée la circulation du sucre, c'est porter préjudice, — par une répercussion fatale — aux cultivateurs de betteraves dont le nombre peut, à bon droit, être opposé à celui des vignerons.

C'est aussi porter un coup funeste aux planteurs de nos colonies qui se ressentent encore de la crise provoquée par l'avilissement du cours des sucres.

Si l'on se reporte maintenant, en un rapide examen, aux chiffres — relatifs à la production de vin — accusés par les statistiques de ces cinq dernières années, et si l'on en rapproche le prix moyen auquel a été payé l'hectolitre, en chacune de ces années, on est amené à faire les constatations suivantes :

Récoltes	H.-L.	Prix moyen par degré et par hectolitre
1899....	47.907.680	F. 1,433
1900....	67.352.661	0,946
1901....	57.963.514	0,712
1902....	39.883.783	2,210
1903....	35.402.336	2,512

A une production de 48 millions d'hectolitres en 1899 a correspondu le prix de 1 fr. 43 par degré et par hectolitre.

Ce prix s'abaisse à 0 fr. 95 et à 0 fr. 71, en 1900 et 1901, pour des récoltes de 67 et 58 millions d'hectolitres — en progression sur la précédente de 19 et 10 millions d'hecto-litres respectivement.

En 1902 et 1903, par contre, ce même prix moyen saute brusquement à 2 fr. 21 et à 2 fr. 51, ce qui s'explique aisément par le chiffre des récoltes correspondantes : 40 et 35 millions d'hectolitres, en moins-value de 18 et 23 millions d'hectolitres, par rapport à celle de 1901.

A ces variations de la valeur du vin, aucune cause mys-térieuse n'a présidé : la corrélation qui apparaît ici, entre l'élévation du prix et l'abondance de la récolte, n'est qu'une conséquence de la loi de l'offre et de la demande, loi aussi vieille que le commerce et à laquelle nul ne saurait échapper.

Aussi peut-on affirmer, dès maintenant, sans que cette prédiction ait rien de téméraire que le prix moyen, auquel ressortira l'hectolitre pour 1904, sera en diminution sensi-ble sur celui de 1903.

Le seul chiffre de la récolte visée, qui atteint 66 mil-lions d'hectolitres — soit le double, environ, de la produc-tion de 1903 — suffit à justifier cette assertion, que ne pourra manquer de confirmer l'avenir.

La fabrication du vin de sucre apparaît, alors, bien plus comme une *conséquence* de la cherté du vin, au cours des années mauvaises, que comme une *cause* de la dépré-ciation de ce produit — cette dépréciation devant être attri-buée ainsi qu'il a été dit, à la seule surabondance de production.

D'ailleurs, dans leur exposé des motifs, MM. Saint-Ger-main et Gauthier le disent : « La hausse exceptionnelle du prix du vin, au cours de l'année dernière, offrait une telle prime au sucrage que cette pratique a pris tout de suite une extension des plus considérables ».

Il est donc reconnu par les partisans même des mesu-res d'exception préconisées que le sucrage ne présente d'in-

térêt que si le vin se vend à un prix qui assure un large béné-
fice déjà au producteur.

Il semblerait dès lors que la concurrence redoutée serait
plus salutaire que nuisible, puisqu'elle servirait de frein
aux excès de la spéculation et qu'elle maintiendrait le cours
du vin à un niveau tel que la consommation n'en soit pas
diminuée.

Ne voit-on pas combien il est précieux pour le producteur de ne pas éloigner, dans les années de disette, une clien-
tèle qu'il sera heureux de retrouver dans les années d'abondance?

Et puis les viticulteurs ne trouvent-ils pas un avantage
réel dans la pratique modérée du sucrage, lorsque la
richesse en alcool des vins de plaine laisse à désirer au
point de rendre impossible la conservation ou même le
transport du produit récolté.

Ces considérations nous amènent à penser que le souci
même des intérêts de la viticulture commande de signaler
le danger auquel elle s'exposerait si elle se décidait à entrer
dans la voie où l'on veut l'entraîner.

Examinons maintenant dans quelles conditions le
sucrage est autorisé et voyons s'il est besoin de recourir de
nouveau au Parlement pour éviter la fraude qui serait la
cause du mal dont on se plaint.

L'article 7 de la loi du 28 janvier 1903 prescrit que :

« Quiconque voudra ajouter du sucre à la vendange, est
tenu d'en faire la déclaration trois jours au moins à l'avance à
la recette buraliste des contributions indirectes. La quantité
de sucre ajoutée ne pourra être supérieure à 10 kilos par
3 hectolitres de vendanges.

« Quiconque voudra se livrer à la fabrication de vin de
sucre pour sa consommation familiale, est tenu d'en faire la
déclaration dans le même délai. La quantité de sucre
employée ne pourra être supérieure à 40 kilos par membre

de famille et par domestique attaché à la personne, ni à 40 kilos par 3 hectolitres de vendanges récoltées.

« Toute personne qui, en même temps que des vendanges, moûts ou marcs de raisin, désire avoir en sa possession une quantité de sucre supérieure à 50 kilos, est tenue d'en faire préalablement la déclaration et de fournir les justifications d'emploi.

« Le service des contributions indirectes est chargé de contrôler l'exactitude des déclarations faites en exécution des dispositions ci-dessus.

« Des règlements d'administration publique détermineront les conditions d'application du présent article.

« Les contraventions aux dispositions qui précèdent et aux règlements qui seront rendus pour leur exécution sont punies des peines édictées par l'article 4 de la loi du 6 avril 1897. Ces peines sont doublées dans le cas de fabrication, de circulation ou de détention des vins de sucre en vue de la vente. S'il y a récidive, les contrevenants encourent, indépendamment de l'amende, une peine d'emprisonnement de six jours à six mois.

« Les mêmes peines sont applicables aux complices des contrevenants. »

A tout esprit non prévenu, il apparaît nettement que ces dispositions législatives sont suffisantes pour protéger contre le fraudeur le producteur honnête, tout en laissant à celui-ci la faculté de relever le degré de sa récolte ou de pourvoir à la consommation familiale, ce qui, dans certains cas, est pour lui un sérieux avantage.

Or, comment la fraude s'est-elle exercée ?

MM. Saint-Germain et Gauthier nous l'apprennent :

« Un certain nombre de spéculateurs n'hésitent pas à acheter les récoltes sur pied aux propriétaires : ils fabriquent eux-mêmes le vin qu'ils additionnent d'une forte quantité de sucre, puis ils ajoutent de l'eau au produit.

« Les propriétaires soumissionnent les acquits-à-caution et font ainsi sortir de leurs chais, sans se rendre compte de la responsabilité qu'ils encourent comme complices, des quantités de vin doubles et même triples de celles que leurs vignes auraient dû normalement produire. »

Et dans un rapport présenté à la Société des Agriculteurs de France, le 2 mars 1904, on peut lire les appréciations, non moins concluantes, que voici :

« La fraude s'est pratiquée ouvertement : elle s'est pratiquée dans les chais des négociants qui ont acheté de la vendange et des moûts; elle s'est aussi pratiquée, nous devons l'avouer, chez le propriétaire lui-même.

« Tantôt celui-ci a fabriqué le vin de sucre pour son propre compte, mais plus souvent encore il s'est fait le complice du négociant qui achetait la récolte sous la condition d'être autorisé à fabriquer, dans les chais même du récoltant, les quantités de vin *qu'il jugeait utiles.*

« Le sucre a été peu acheté avec la déclaration prescrite par le Règlement d'administration publique du 28 août 1903, il a été surtout acheté sans déclaration : les obligations de la loi sont presque partout restées lettre-morte. »

Plus loin, on peut lire encore :

« Il semble que cette fraude — il s'agit ici des vins fabriqués de toutes pièces, sans vendanges ni marcs, fabrication dont le centre principal se trouve à Paris — serait d'autant plus facile à saisir et à réprimer, *si la Régie et les Tribunaux voulaient sérieusement la combattre,* qu'elle s'étale cyniquement, avec une impudeur qui ne peut s'expliquer, que par l'impunité sur laquelle elle sait pouvoir compter. »

Ainsi, les prescriptions de la loi ont été violées, des limitations édictées il n'a été tenu aucun compte et — fait particulièrement grave — c'est ouvertement et avec la complicité des propriétaires que s'est pratiqué le *trafic* des *acquits fictifs.*

Pour remédier à cet état de choses, une mesure s'impose, qui est de veiller, à l'avenir, à la stricte observation des textes.

Telle n'est pas, toutefois, l'opinion des défenseurs de la viticulture : l'inapplication de la loi, ils se refusent à la constater et — déplaçant la question ou n'en envisageant qu'une partie — ils proclament que le salut réside dans le contrôle à la circulation des sucres, contrôle qu'ils réglementent aussitôt — dans quel esprit d'impartialité, on l'a vu.

Les propriétaires, de leur côté, sont mal fondés à se plaindre d'une fraude qu'ils ont encouragée et dont ils se sont faits, en grand nombre, les complices, en se prêtant aux combinaisons illicites de leurs acheteurs.

Et quel effet aurait à leur égard l'adoption de la loi proposée ?

Ceux qui ont su échapper aux dispositions de la loi précédente sauraient éluder — cela est trop évident — celles du texte à venir qui iraient à l'encontre de leurs intérêts propres. D'où : effet nul, illusoire à leur égard.

Bien réelle, en revanche, serait l'entrave apportée à la libre exploitation de plusieurs industries.

En résumé, seraient seuls à pâtir et à supporter le poids d'une législation, désormais inique ceux dont la responsabilité ne saurait être mise en cause dans les fraudes constatées : voilà le résultat, souverainement inéquitable, auquel aboutirait cette tentative d'étroite et aveugle protection.

D'ailleurs, le Gouvernement sent-il la nécessité de modifier la législation actuellement en vigueur ?

Une lettre de M. le Ministre des Finances, en date du 18 juin dernier, nous éclairera à cet égard.

Cette lettre répond aux démarches faites auprès de M. Rouvier, par M. le député Bourrat, en vue d'obtenir des déclarations publiques concernant la répression des fraudes pour la mise en vente des vins de sucre.

Elle est conçue comme il suit :

« Monsieur le Député,

« En me rappelant les fraudes commerciales qui se commettent sur les vins, vous m'avez demandé quelles mesures je comptais prendre pour y mettre un terme, et vous avez particulièrement attiré mon attention sur les moyens préconisés par divers syndicats et les Assemblées électives du Midi, notamment sur la surveillance de la circulation des sucres.

« Les facilités que l'abaissement de l'impôt sur le sucre allait donner à la falsification des vins n'ont pas échappé à mon Administration, et, depuis plusieurs mois, elle a poursuivi avec une rigueur toute particulière les sucrages clandestins, les mouillages et la fabrication des vins artificiels. Des procès-verbaux, au nombre de près d'un millier, ont été rapportés en dehors de ceux qui, sans révéler positivement des falsifications, constataient des faits qui en sont souvent la conséquence, tels que les excédents de magasins et les transports fictifs. Les vins saisis et, dans certaines affaires, la quantité saisie s'en est élevée à des milliers d'hectolitres, ont été réellement confisqués, dès que l'analyse en a montré le caractère artificiel, et l'obligation de les distiller a été imposée à leurs détenteurs. Si, à la vérité, ceux-ci ont pu s'en débarrasser avant le résultat des analyses, ces ventes ont alors fait l'objet de seconds procès-verbaux. Toutes les affaires importantes, au nombre de plusieurs centaines, ont été portées devant les tribunaux, et des condamnations ont déjà été obtenues.

« A mon avis, la sévérité de la répression exercée, l'exemple de fraudeurs ruinés par les suites de procès-verbaux auront certainement un effet préventif efficace pour les campagnes prochaines et les fraudes que certains avaient commises cette année, croyant à une impunité, probablement ne se renouvelleront plus. *J'estime donc que les armes dont*

dispose mon Administration lui suffisent dès aujourd'hui.
J'ajoute qu'elle les utilisera dans la campagne qui va s'ou-
vrir avec autant d'énergie et peut-être plus de promptitude
que dans la précédente.

« Quant aux moyens supplémentaires auxquels vous
avez fait illusion, la surveillance des vendanges, les forma-
lités à la circulation des sucres, on peut craindre qu'ils ne
gênent non seulement les fraudeurs, mais aussi le commerce.
Outre que leur efficacité serait contestable, ils offriraient
donc des inconvénients peut-être supérieurs aux avantages
que le viticulteur serait appelé à en retirer. Au surplus, le
Parlement est déjà saisi à ce sujet d'une proposition de loi
d'initiative parlementaire et, lors de sa discussion, les divers
intérêts en jeu pourront être défendus.

« Veuillez agréer, etc... »

Tout commentaire à cette lettre serait superflu, les considérations qu'elle renferme puisent, dans l'autorité et la haute
compétence de son auteur, une valeur trop grande pour
qu'il soit utile d'y insister.

Aussi, n'est-il pas douteux que le Sénat, impressionné,
à bon droit, par les affirmations si catégoriques de M. le
Ministre des Finances, ne conclue au rejet pur et simple de
la proposition de loi présentée par MM. les sénateurs Saint-
Germain et Gauthier. Aussi, votre Commission de législation vous demande-t-elle, Messieurs, d'adopter les conclusions suivantes :

« La Chambre,

« Considérant que les dispositions contenues dans l'article 7 de la loi du 28 janvier 1903 suffisent—si elles sont rigou-
reusement appliquées — à protéger la viticulture contre les
fraudes pouvant résulter de l'abus du sucrage des vendanges

et qu'il n'y a pas lieu de modifier la législation actuellement en vigueur ;

« Proteste énergiquement contre toute proposition de loi ayant pour objet de réglementer la circulation des sucres. »

Ce rapport entendu, la Chambre en adopte les conclusions et les convertit en délibération.

Extrait certifié conforme :

Le Président de la Chambre de Commerce.

Paul DESBIEF.

IMPRIMERIE·DV·SEMAPHORE
MARSEILLE
B

www.ingramcontent.com/pod-product-compliance
Lightning Source LLC
Chambersburg PA
CBHW060049090726
47597CB00012B/3502